Liebe Kinder,

Singen macht den meisten Kindern Spaß. Euch doch sicherlich auch, oder? Bestimmt habt Ihr noch mehr Spaß, wenn Ihr zu den Liedern spielt, klatscht, malt, knifflige Aufgaben löst oder bastelt. Einige unserer Ideen findet Ihr in diesem Heft. Noch besser ist es, wenn Ihr durch meine Lieder auf eigene Ideen kommt. Zum Beispiel könnt Ihr selber Lieder erfinden. Oder zu den Liedern die Rückseiten von Postkarten bemalen und verschicken. Oder Dekorationen für Kinderfeste basteln. Oder, oder.

Ich hoffe, Ihr werdet in den Liedern auf viele Erlebnisse stoßen, die Ihr aus Eurem eigenen Leben kennt. So habe ich mir das immer gewünscht: meine Lieder sollen bald Eure Lieder werden.

Euer

Rolf

Rolf, 6 Jahre

Rolf, 44 Jahre

Liebe Mütter, liebe Väter,

Jährlich verunglücken etwa 50.000 Kinder in Deutschland. Kann man diesem riesigen Problem mit Liedern und Spielen begegnen? Ja. Man kann mit Liedern und Spielen helfen, ein eher unsympathisches, aber lebenswichtiges Thema etwas sympathischer zu machen. Und man kann mit ihnen die Verkehrserziehung in der Familie vorbereiten und unterstützen. Hauptaufgaben bleiben allerdings elterliches Vorbild, ständiges Beobachten und gemeinsames Üben im Straßenverkehr.

Außerdem müssen unsere Straßen sicherer gemacht werden. Autofahrer müssen auf Kinder mehr Rücksicht nehmen und in Wohngebieten langsamer fahren. Und wahrscheinlich müssen wir unsere Autos zukünftig viel öfter stehen lassen!? Bald singen alle Kinder in Deutschland: "Mami, laß das Auto stehn!" "Papi, laß das Auto stehn!" Und dann??

Viel Spaß beim Lesen und Spielen wünschen Ihnen

Michael Hepke   Rolf Zuckowski

Mike, 39 Jahre

Mike, 6 Jahre

Mein Weg zur Schule

Trad./Bearb. und Text: Rolf Zuckowski

Mein Weg zur Schule
ist nicht schwer, i-ei-i-ei-oh.
Ich geh' ihn täglich hin und her,
i-ei-i-ei-oh.

Aus dem Haus, gradeaus,
an der Fahrbahn bleib' ich stehn.
Ich seh' nach links
und rechts und links,
wenn alles frei ist, kann ich gehn.
Mein Weg zur Schule
ist nicht schwer, i-ei-i-ei-oh.

Mein Weg zur Schule
ist nicht schwer, i-ei-i-ei-oh ...

Aus dem Haus, gradeaus ...

Und an der großen Kreuzung dann
seh' ich mir erst die Ampel an,
und springt sie um von Rot auf Grün,
dann kann ich endlich weiterziehn.
Mein Weg zur Schule ist nicht schwer,
i-ei-i-ei-oh.

Mein Weg zur Schule
ist nicht schwer, i-ei-i-ei-oh ...

Aus dem Haus, gradeaus ...

Und an der großen Kreuzung dann ...

Zur nächsten Ecke geh' ich hin,
bis ich am Zebrastreifen bin,
und da kann ich erst weitergehn,
wenn wirklich alle Autos stehn.
Und drüben treff' ich jeden Tag
die besten Freunde, die ich hab'.
Wir gehn zusammen, das ist klar,
nach ein paar Schritten sind wir da.

Mein Weg zur Schule
ist nicht schwer, i-ei-i-ei-oh.
Ich geh' ihn täglich hin und her,
i - ei - i - ei - oh.

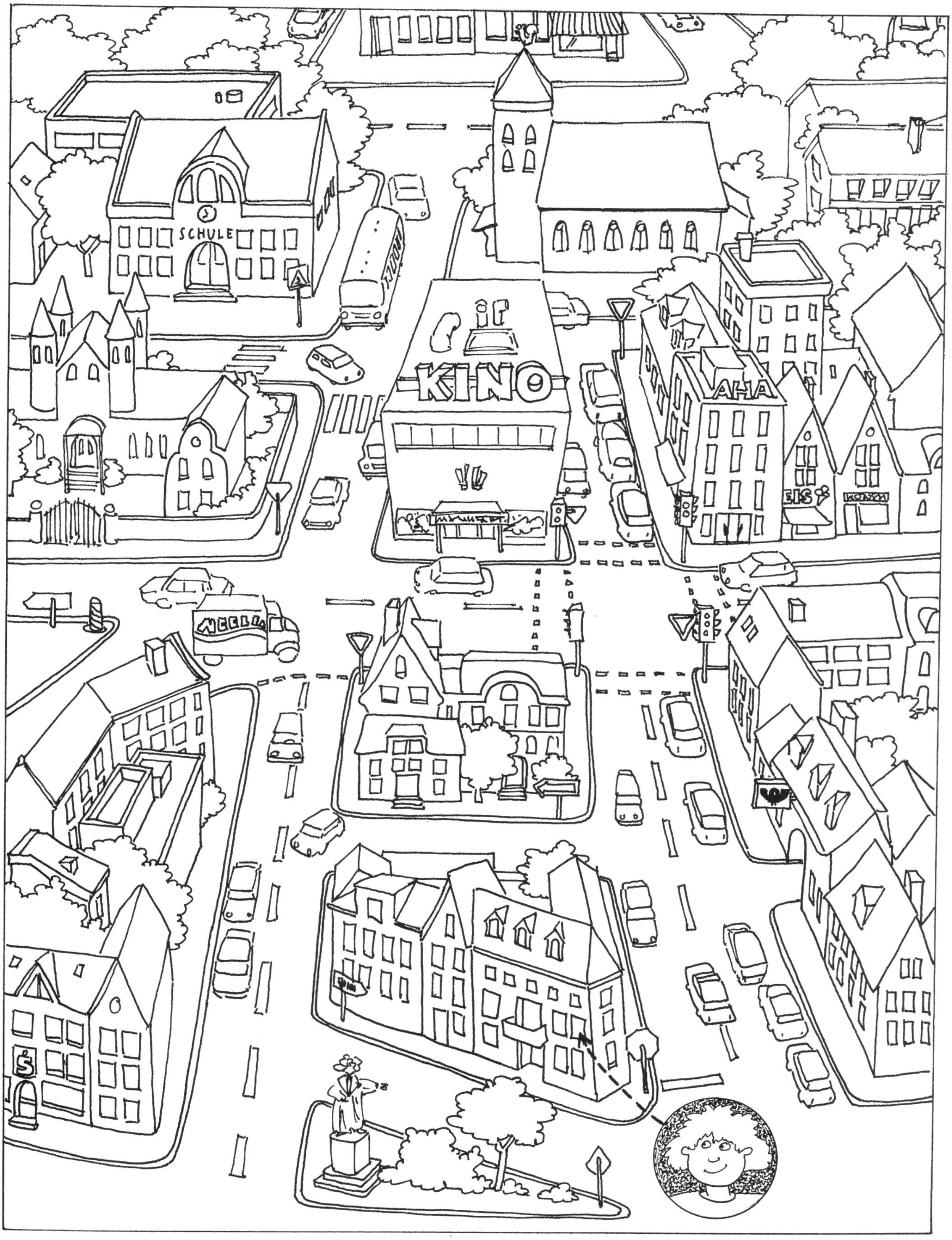

Julia wohnt in der Stadt. Suche das Kino, die Post, die Eisdiele und die Schule. Male sie an. Wie kommt Julia am besten dorthin? Zeichne diese Wege ein. Wo sie stehenbleiben und besonders aufpassen muß, mache einen dicken Punkt.

Hallo, siehst du mich?

Musik und Text: Rolf Zuckowski

Fahrer: "Hallo, siehst du mich?"
Kind: "Hallo, siehst du mich?"
Fahrer: "Hallo, siehst du mich?"

Kinder sind oft nicht zu sehn,
wenn sie an der Fahrbahn stehn,
sind verdeckt von großen Sachen,
die das Gucken schwerer machen.

Kind: "Hier bin ich."
Fahrer: "Wo bist du?
Ich kann dich nicht sehn."
Kind: "Ich will hier aber rüber jetzt!"
Fahrer: "Bleib lieber erst mal stehn."
Kind: "Links, rechts, links."

Fahrer:
"Hast du wirklich richtig hingeguckt
oder nur so mit dem Kopf gezuckt?
War da wirklich alles frei für dich,
oder etwa nicht?
Denkst du wirklich jedesmal daran,
daß man dich vielleicht
nicht sehen kann?
Frag dich vorsichtshalber so wie ich:
Hallo, siehst du mich?"

Kind: "Hallo, siehst du mich?"

Müllcontainer, Bretterzaun,
Autos und ein dicker Baum,
so was steht an vielen Ecken,
laß dich davon nicht verdecken.

Kind: "Hier bin ich."
Fahrer: "Wo bist du?
Ich kann dich nicht sehn."
Kind: "Ich will hier aber rüber jetzt!"
Fahrer: "Bleib lieber erst mal stehn."
Kind: "Links, rechts, links."

Kind:
"Ich hab' wirklich richtig hingeguckt
und nicht nur so mit dem Kopf
gezuckt.
Da war wirklich alles frei für mich,
darum frag' ich dich:
Denkst du wirklich jedesmal daran,
daß man Kinder oft nicht sehen kann?
Frag dich vorsichtshalber so wie ich:
Hallo, siehst du mich?"

Fahrer: "Hallo, siehst du mich?"
Kind: "Hallo, siehst du mich ..."

Ecken, die Kinder verdecken

Kennst du die Ecken, die Kinder verdecken? Dann kennst du auch das Lösungswort.

ERST	1	2	3	4	5	6	**UND SEHEN!**

Schulbus

Musik und Text: Rolf Zuckowski

Schulbus, Schulbus,
jeden Morgen treff' ich dich.
Schulbus, Schulbus,
und manchmal wart' ich lang auf dich.
Schulbus, Schulbus,
und ist die Schule aus,
dann steig' ich ein
und freu' mich schon
auf meine Fahrt nach Haus.
Dann steig' ich ein
und freu' mich schon
auf meine Fahrt nach Haus.

Jeden Morgen muß ich aufstehn.
Oh, wie blöd!
Sonst verpass' ich meinen Bus
und komm' zu spät.
Doch ich mag nun mal nicht rennen.
Oh, nein, nein!
Lieber steig' ich langsam und
gemütlich ein.

Schieben, Schubsen, Meckern, Motzen
finde ich zum oh-la-la-la ...

Schulbus, Schulbus ...

Und im Bus ist eine Stimmung,
Mann-oh-Mann!
Hallo, Fahrer,
stell doch mal das Radio an!
Dann vergeht die Zeit noch schneller
bis nach Haus,
und jeder steigt am Schluß mit guter
Laune aus.

Schieben, Schubsen, Meckern, Motzen
finde ich zum oh-la-la-la...

Schulbus, Schulbus ...

Mit wem möchtest du am liebsten im Schulbus fahren? Zeichne oder klebe Fotos hinein.

Alle machen Fehler

Musik und Text: Rolf Zuckowski

Alle machen Fehler.
Alle machen Fehler.
Keiner ist ein Supermann.
Alle machen Fehler.
Alle machen Fehler,
weil das mal passieren kann.
Alle machen Fehler.
Alle machen Fehler,
aber ich geb' acht
und passe doppelt auf,
denn ich nehm' nichts in Kauf
bei Tag und auch bei Nacht.

Der Autofahrer, der am Steuer sitzt
und in der heißen Mittagssonne
schwitzt,
der wird geblendet durch das
Sonnenlicht,
und so gut, wie er's gern möchte,
sieht er nicht.

Alle machen Fehler ...

Das Pärchen auf dem starken
Motorrad
fährt auf der nassen Fahrbahn
durch die Stadt.
Sie denken beide hoffentlich daran,
daß man bei Nässe nicht gut
bremsen kann.

Alle machen Fehler ...

Der Junge, der da schnell zur Schule
rennt,
hat heute morgen wohl die Zeit
verpennt.
Bei dieser Hetzerei kann viel passier'n.
Nur ruhig Blut und nicht den Kopf
verlier'n.

Alle machen Fehler ...

"Alle machen Fehler" - ich auch. Wenn ich auf meiner Gitarre danebengreife, klingt es fast wie in der Geisterbahn. Unser Lied hat ein musikalisches Echo. Daraus läßt sich einiges machen:

1. Singt anfangs in der Gruppe nur die erste Zeile: "Alle machen Fehler". Die zweite Zeile, also das Echo, darf keiner singen. Erst bei: "Keiner ist ein Supermann" geht es weiter.

2. Jetzt singen das Echo:
   - alle Jungen oder
   - alle Mädchen oder
   - alle Erwachsenen, die schon mal einen Fehler gemacht haben (Welchen? Fragt sie!), oder
   - alle, die schon mal die Zeit verpennt, das Zähneputzen vergessen, die Hausaufgaben verschwitzt, in der Schule geschummelt haben oder im Auto nicht angegurtet waren.

Friederike sitzt im Auto und möchte mit ihrer Mutter zur Oma fahren. Was muß sie noch tun, damit kein Fehler passiert? Male die Kästchen mit Buntstiften aus!

1 gelb 2 rot 3 schwarz

4 blau 5 grün 0 lasse weiß

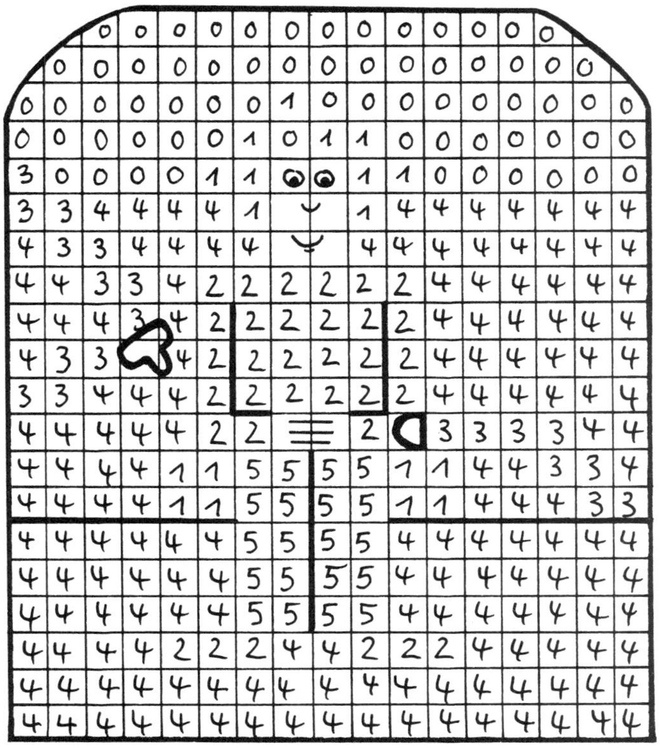

Liebe Mutter, lieber Vater,

sicherlich beobachten Sie beim gemeinsamen Spaziergang oder Autofahren ab und zu Fehler anderer Verkehrsteilnehmer. Beispielsweise Regelübertretungen. Wenn Ihr Kind die entsprechende Regel bereits kennt, sollten Sie die Fehler besprechen. Fragen Sie ihr Kind, was der andere falsch gemacht hat. Erklären Sie, was es noch nicht weiß. Auch aus Fehlern kann man lernen.

Rot und Grün

Musik und Text: Rolf Zuckowski

Rotes Licht und Grün,
das kann doch jeder leicht verstehn.
Bei ____ halt an
und denk daran:
Bei ______, da darfst du gehn.
Ja, Rotes Licht und Grün,
das gilt im Dorf und in der Stadt:
Bei Rot, da darf man niemals gehn,
auch nicht, wenn man's eilig hat.

Ergänze den Text. Male die Ampeln passend an.

So oft kann man Erwachs'ne sehn,
die bei Rot über die Fahrbahn gehn;
doch die sind wohl nur farbenblind,
denn das weiß heut' doch jedes Kind:

Rotes Licht und Grün ...

Damit mir nichts passieren kann,
denk' ich an jeder Ampel dran,
daß ich, bevor ich rübergeh',
noch mal nach allen Seiten seh'.

Rotes Licht und Grün ...

Doch auch bei Grün,
man glaubt es kaum,
kann keiner seinem Glück vertrau'n,
und darum heißt es, auch beim Gehn
nochmal nach links und rechts zu sehn.

Rotes Licht und Grün ...

Was versteckt sich hier? Male die Dreiecke schwarz und die Kreise mit einem Punkt rot an.

Das Ampelspiel

Ein Kind in grüner Kleidung sitzt locker in der Hocke. Ein etwas größeres Kind in roter Kleidung steht direkt dahinter. Die beiden spielen eine Ampel mit roten und grünen Lichtern.

Das "rote" Kind wartet nun auf ein Zeichen von Grün. Das kann ein Zupfen an der Hose oder ein Ticken an den Schuh sein. Jetzt geht Rot in die Knie und Grün steht auf. Das nächste Zeichen zum Wechseln gibt also Rot an Grün.

Weiter geht's mit Musik: Laßt eure Freunde, eure Schulklasse oder die Geburtstagsgesellschaft das Lied von der Ampel singen. Immer wenn eure Ampel auf Rot springt, müssen sie sofort aufhören. Bei Grün dürfen sie weitersingen. Wenn ihr immer schneller von Rot auf Grün und von Grün auf Rot wechselt, haben Sänger und Ampelkinder einen tollen Spaß.

Eure Kinderampel könnt ihr auch bei anderen Spielen einsetzen, zum Beispiel bei der "Reise nach Jerusalem". Wechselt die Ampelkinder öfter mal aus, das macht Laune.

Familien-Ampel

Schlage in ein flaches Holzstück zwei Nägel ein. Male eine Pappscheibe grün an, eine andere rot. Beide Rückseiten kannst du schwarz oder grau malen. Mit Wollfäden werden die Scheiben an die Nägel gehängt. Zeigt die Ampel vor deinem Kinderzimmer "Rot", heißt das: Kein Eintritt! Wenn sie auf "Grün" steht, ist Besuch willkommen.

Es ist Rot, Elfriede

Trad./Bearb. und Text: Rolf Zuckowski

Komm schon, Karl-Otto,
nu mach mal 'n bißchen zu!

Ja, ja.

Och, wir müssen doch über die Straße!

Was??? Es ist Rot,
Elfriede, Elfriede, Elfriede.
Es ist Rot, Elfriede, Elfriede, es ist Rot.

Na ja, aber da kommt nichts,
Karl-Otto, Karl-Otto, Karl-Otto.
Aber da kommt nichts, Karl-Otto,
Karl-Otto, da kommt doch nichts.

Na, na. Wart's ab, Elfriede ...

Ooch, ich hab's eilig, Karl-Otto ...

So so. Äh, warum denn, Elfriede ...

Ooch, ich krieg' Besuch, Karl-Otto ...

Na und, von wem denn, Elfriede ...

Aach, von meiner Freundin, Karl-Otto ...

Und was will die denn, Elfriede ...

Wir wolln Kaffeetrinken, Karl-Otto ...

Oh Mann!! Ist das wichtig, Elfriede ...

Das ist sehr, sehr wichtig. Aber sag mal,
wo sind denn die Leute, Karl-Otto ...

Guck mal: Die sind drüben, Elfriede ...

Wieso das denn, Karl-Otto ...

Eben war Grün, Elfriede ...

Na, das gibt es ja wohl nicht.
Na, denn mal los, Karl-Otto ...

Mmh - mmh! Guck mal:
Es ist Rot, Elfriede ...

Nee, guck mal,
springt grade wieder um.

Oh ja. Nu mal los, nicht?

Ja, ja, los!

Ne, warte mal, guck erst mal
nach links. Ganz in Ruhe.

Ja, ja, ja, nun komm aber, Karl-Otto!

Warum hast du's eigentlich immer
so eilig?

Ach, du weißt doch,
ich hab' so furchtbar viel zu erledigen,
und du bist so'n Dröhnbüdel.

Was bin ich?

'n Dröhnbüdel!

1
2
3
4
5 B R I L L E
6
7
8
, ES IST ROT !!
1
6
8
2
4
5
3
7

Was zieh' ich an?

Musik und Text: Rolf Zuckowski

Was zieh' ich an, was zieh' ich an,
damit man mich auch gut sehen kann?
Gelb leuchtet hell,
Rot sieht man schnell,
Grau oder Braun,
das sieht man kaum.
Was zieh' ich an, was zieh' ich an,
damit man mich sehen kann?

Muß ich am Morgen früh aus dem Haus,
schau' ich noch schnell zum Fenster hinaus,
und ist es draußen trübe und grau,
sieht man mich schlecht,
das weiß ich genau.
Wie kann man da noch fragen,
was sollte ich wohl tragen?

Was zieh' ich an, was zieh' ich an ...

Geh' ich im Dunkeln irgendwo hin,
weil ich bei Freunden eingeladen bin,
dann denk' ich vorher wieder daran,
was man bei Nacht
wohl gut sehen kann.
Wie kann man da noch fragen,
was sollte ich wohl tragen?

Was zieh' ich an, was zieh' ich an,
damit man mich auch gut sehen kann?
Weiß leuchtet hell.
Pink sieht man schnell.
Hellblau! Hellgrün! Rosa! Orange!
Was zieh' ich an, was zieh' ich an,
damit man mich sehen kann.

Ich nehm' die bunte Jacke
und denk' an dieses Lied,
damit man mich da draußen
im Dunkeln besser sieht.

Das zieh' ich an, das zieh' ich an,
damit man mich auch gut sehen kann.
Gelb leuchtet hell,
Rot sieht man schnell,
darum ist klar, daß ich erzähl':
Das zieh' ich an, das zieh' ich an,
damit man mich sehen kann.

Male den linken Jungen mit hellen, leuchtenden Farben an. Den rechten mit dunklen Farben. Du kannst auch Menschen mit dunkler und heller Kleidung aus Katalogen und Zeitschriften ausschneiden und auf dunkle Pappe kleben. Mache einen Test: Betrachte das fertige Bild in einiger Entfernung bei Dunkelheit. Wen kannst du besser sehen?

Macht doch mal eure eigene Modenschau. Mit Hosen und Pullovern, die bei Dunkelheit schlecht zu sehen sind. Und mit Kleidung, die hell ist und leuchtet.

Wenn ihr "Was zieh' ich an" singt, könnt ihr euch in die Hocke setzen. Sooft die Farbe gesungen wird, die hauptsächlich in eurer Kleidung ist, springt ihr auf und geht gleich wieder in die Hocke. Da kommt ihr bestimmt ganz schön aus der Puste.

Aus der Traum

Musik und Text: Rolf Zuckowski

Jan und Ali schießen mit dem Fußball
hin und her,
die Gartenmauer trennt die beiden
sicher vom Verkehr.
Daß diese beiden ausgebuffte
Superkicker sind,
das weiß in ihrer Straße jedes Kind.

Ali:
"Gib rüber Janni, Doppelpaß und lauf!
Wir steigen in die Bundesliga auf."

Jan schießt eine Flanke, daß es knallt.
Der Ball fliegt auf die Straße,

Jan: **"Ali, halt!!!"**

Ali:
"Aus der Traum, tut mir leid,
hier beginnt die Wirklichkeit.
Erst mal stehn, erst mal sehn,
ob nichts passieren kann.
Aus der Traum, ist doch klar,
hier ist viel zu viel Gefahr.
Erst mal stehn, erst mal sehn,
und dann kann's weitergehn."

Kim und Nina fahren mit dem Fahrrad
auf dem Hof,
daß da so wenig Platz ist, finden beide
ziemlich doof.
Sie träumen immer wieder,
daß ihr Rad ein Pony wär',
und reiten wie die Wilden hin und her.

Nina:
"Achtung, Kim! Ich bin schon neben dir.
Dieses Mal gewinn' ich das Turnier."

Sie kommen aus der Einfahrt im
Galopp,
sind beinah' auf der Straße,

Kim: **"Nina, stopp!!!"**

Nina:
"Aus der Traum, tut mir leid..."

Alle:
"Aus der Traum, tut mir leid..."

Kim und Nina fahren mit dem Fahrrad auf dem Hof. Zeichne dort, wo der Hof aufhört, eine Grenze: einen Zaun 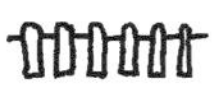 , eine Hecke  oder ein Tor  . So können die beiden ungestört spielen und kommen den Autos nicht zu nahe.

Ali und Nina konnten noch rechtzeitig anhalten. Kannst du dir andere gefährliche Situationen vorstellen? Zeichne sie und erzähle davon.

Liebe Mutter, lieber Vater,

"Verkehrserziehung" beim Kinderfest? Warum nicht?

Zwei gleichgroße Kindergruppen stehen mit verschiedenfarbigen Luftballons an der Grundlinie des Spielfeldes. Ziel des Spieles ist es, die Ballons über die Mittellinie zu treiben, ohne sie festzuhalten und ohne das Spielfeld zu verlassen. Wer über den Spielfeldrand tritt, scheidet aus. Ballons, die aus dem Spielfeld fallen, bleiben dort liegen. Hat eine Gruppe alle Ballons über die Mittellinie getrieben, gibt der Spielleiter ein Signal. Alle Kinder bleiben stehen. Jeder Luftballon und jedes Kind im richtigen Spielfeld ergeben einen Punkt.

Sprechen Sie anschließend mit den Kindern darüber, welche "Linien" im Straßenverkehr nicht so ohne weiteres überschritten werden dürfen: Hofeingänge, Bordsteine, Sichtlinien zwischen parkenden Autos ...

Oder: Zum Lied "Aus der Traum" laufen (hüpfen, kriechen ...) die Kinder durch den Raum. Wird der Kassettenrecorder ausgestellt, werden die Bewegungen sofort unterbrochen. Erst wenn die Musik wieder einsetzt, geht es weiter.

Wo spielen und fahren die Kinder in unserem Bild? Schneide die Karten aus und klebe sie in die richtigen Felder. Aber aufgepaßt! Ein Feld bleibt leer. Warum?

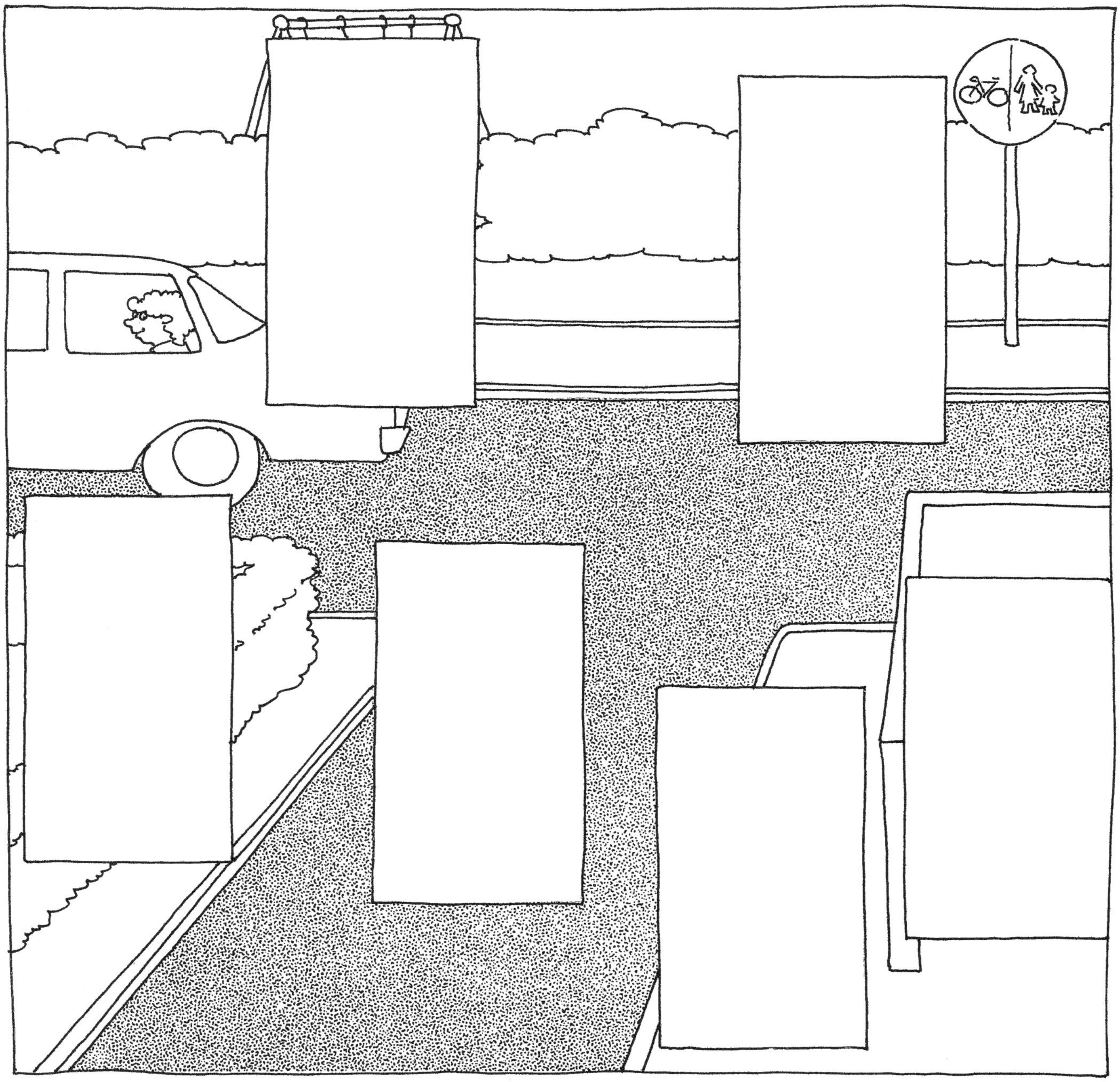

Ich hab' mich verlaufen

Musik und Text: Rolf Zuckowski

Fremde Straßen, fremde Häuser,
fremde Leute,
was ist denn hier nur los?
Meine Freunde sind zu Hause,
aber ich bin hier allein,
was mach' ich bloß?

Ich hab' mich verlaufen
und find' nicht nach Haus.
Wer kann mir nur helfen?
Wer kennt sich hier aus?
Ich hab' mich verlaufen,
doch mit etwas Glück
zeigt mir irgend jemand
den Weg zurück.

Mama hat gesagt:
"Frag 'nen Polizist",
doch was nützt mir der,
wenn hier keiner ist.
Mama hat gesagt:
"Geh in ein Geschäft",
doch davor sitzt ein Hund,
der mich anknurrt und kläfft
Ich hab' 'ne Idee:
Die Briefträgerin.
Die zeigt mir den Weg
und hilft mir bestimmt.

Ich sag':
"Guten Tag, bitte helfen Sie mir".
Sie fragt mich: "Was ist?",
und ich sag' zu ihr:

"Ich hab' mich verlaufen
und find' nicht nach Haus.
Können Sie mir nicht helfen?
Kennen Sie sich hier aus?

Ich hab' mich verlaufen,
doch vielleicht hab' ich Glück
und finde mit Ihnen den Weg zurück."

Die Frau sieht mich an
und fragt, wo ich wohn'.
Ich sag' ihr die Straße,
denn die weiß ich schon.
Sie zeigt mir den Weg und sagt:
"Sei nicht bang,
du bist bald zu Haus,
der Weg ist nicht lang.
Du gehst gradeaus,
die Straße zurück,
dann links um die Ecke,
dort bei der Fabrik,
und hinter der Kirche,
da kannst du's schon sehn.
Von da sind es nur
ein paar Schritte zu gehn."

Ich hab' mich verlaufen,
doch jetzt find' ich nach Haus,
jetzt kann ich mir helfen,
jetzt kenn' ich mich aus.
Ich hab' mich verlaufen,
doch jetzt hab' ich Glück
und finde ganz einfach
den Weg zurück.

Unsre Straße, unsre Häuser,
meine Freunde,
ja, hier kenn' ich mich aus,
und ich glaube, ich geh' nie mehr
so weit fort ganz alleine
von zu Haus.

Anuschka hat sich verlaufen. Wie findet sie nach Hause zu ihren Eltern und Freunden zurück? Welcher Weg ist richtig? Male ihn grün an.

Mein Platz im Auto ist hinten

Musik und Text: Rolf Zuckowski

Mein Platz im Auto ist hinten,
im Sitz lehn' ich mich zurück.
Ja, hinten könnt ihr mich finden,
und vor der Fahrt mach' ich "klick".

Wir fuhren neulich nach Hause,
als plötzlich etwas geschah:
Vor uns da bremste ein LKW,
weil ein Hund davorgelaufen war.

Meine Mutter stieg in die Bremse,
wir kamen grad noch zum Stehn.
Die Einkaufstasche flog bis nach vorn,
doch mir ist nichts geschehn.

Mein Platz im Auto ist hinten ...

Meine Freundin hat mich am Sonntag
schon früh am Morgen geweckt,
mit einem weißen Verband am Kopf,
ich hab' mich richtig erschreckt.

Sie sagte: "Das war die Scheibe,
es ist im Auto passiert.
Mein Vater bremste,
und ich saß vorn."
Da sagte ich zu ihr:

Mein Platz im Auto ist hinten ...

Ihr könnt zu dem Lied mit selbstgebastelten und bemalten Pappkartons spielen. Natürlich braucht ihr auch Mitspieler. Wer ist Fahrer oder Fahrerin? Wer wirft bei der "Vollbremsung" die Einkaufstasche nach vorne? Wer zieht einen Hund am Band über die Straße, und wer läßt sich den Kopf verbinden? Das wird fast wie im Theater.

Wenn euch das Spiel gut gelingt, könnt ihr es euren Familien, der Klasse, beim Schulfest oder beim Elternnachmittag vorspielen.

Ihr könnt auch neue Auto-Geschichten erfinden und typische Gespräche im Auto nachmachen. Ob sich eure Eltern wohl wiedererkennen?

Marcel sitzt im Auto hinten. Natürlich in seinem Kindersitz. Aber halt! Irgendetwas stimmt nicht auf dem rechten Bild. Finde die fünf fehlenden Gegenstände.

Liebe Mutter, lieber Vater,

machen Sie doch mal beim Kinderfest eine Mitfahrer-Staffel: Die Kinder werden in zwei Gruppen aufgeteilt und stehen hintereinander an ihren Startlinien. Vor den Startlinien liegen: Jacke, Hut, Tasche.
In etwa 10 m Entfernung stehen zwei "Autos", aus jeweils vier Stühlen gebaut. Am rechten hinteren Stuhl sind zwei Seile so angebracht, daß sie als Sicherheitsgurt dienen können.

Staffelverlauf:
1. Jacke anziehen
2. Hut aufsetzen
3. Tasche umhängen
4. Zum Auto laufen
5. Rechts hinten einsteigen
6. Seile verknoten / Schleifen binden
7. Laut bis zehn zählen
8. Schleife (Gurt) öffnen
9. Nach rechts hinten umschauen zur Gruppe
10. Aussteigen und zurücklaufen
11. Jacke, Hut und Tasche ausziehen und an das nächste Kind der eigenen Gruppe geben.

Nun beginnt der nächste Staffelläufer. Welche Gruppe schafft zuerst alle Durchgänge und macht alles richtig?

Tip: Jede Gruppe darf am "Auto" einen Hilfsposten aufstellen, der gut Schleifen binden kann.

Viele tausend Kinder verunglücken jährlich im Auto ihrer Eltern. Dabei erleiden sie oft schwere Verletzungen oder werden getötet. Deshalb müssen Kinder im Auto immer gesichert werden, auch auf kurzen Strecken. Geeignete Schutzsysteme für jedes Alter gibt es im Fachhandel.

Zebrastreifen

Musik und Text: Rolf Zuckowski

Zebrastreifen, Zebrastreifen,
mancher wird dich nie begreifen.
Zebrastreifen, Zebrastreifen,
doch ich weiß Bescheid.
Zebrastreifen, Zebrastreifen,
alle, die dich nicht begreifen,
Zebrastreifen, Zebrastreifen,
die tun mir nur leid.

Fast überall ist viel Verkehr,
die Autos fahren hin und her,
und oft steh' ich am Fahrbahnrand
und denk': "Das ist doch allerhand!
Wie komm' ich hier nur rüber jetzt?
Das ist ja heute wie verhext!"
Doch dann seh' ich zur rechten Zeit
den Zebrastreifen gar nicht weit.

Zebrastreifen, Zebrastreifen ...

Ich stell' mich an das blaue Schild,
damit man sieht, was ich hier will.
Ich hebe deutlich meine Hand
und seh' genau die Autos an,
und bremst ein Wagen,
dann schau' ich
dem Autofahrer ins Gesicht.
Und bleibt er stehn,
dann guck' ich bloß,
ob alle halten,
dann geht's los!

Zebrastreifen, Zebrastreifen ...

Klatscht doch mal bei dem "**Zebra**" auf eure Beine und bei dem "**streifen**" in die Hände. Klingt nicht schlecht, oder?

Ihr könnt das Spiel verfeinern: Klatscht beim "**Ze**" auf die Beine, beim "**bra**" in die Hände, beim "**strei**" auf die Beine und beim "**fen**" wieder in die Hände. Macht noch mehr Spaß, stimmt's?

Jetzt geht's aber erst richtig los: Steigert bei beiden Klatscharten langsam das Tempo. Nun klatscht die linke Hand beim "**Ze**" auf das linke Bein, dann die rechte Hand beim "**bra**" auf das rechte. Bei "**strei**" wird in die Hände geklatscht und bei "**fen**" mit den Fingern geschnipst. Da muß man schon aufpassen, daß sich die Arme nicht verknoten.

Was passiert hier? Schneide die Karten aus. Lege das Puzzle und erzähle, was Marc und sein Vater gerade machen.

Claudia und ihre Mutter halten vor dem Bordstein an. Dann gehen sie langsam so weit vor, bis sie auf der Fahrbahn alles gut sehen können. Sie bleiben nochmal stehen und schauen in beide Richtungen. Alles frei. Sie gehen hinüber. Geschafft. Du kannst die Bilder farbig anmalen. Schneide die Karten aus und lege sie in der richtigen Reihenfolge. Stimmt alles? Decke die Karten um. Jetzt müßte das Puzzle auf der Rückseite richtig liegen.

Zwischen den Autos

Musik und Text: Rolf Zuckowski

Wieder mal stehn hier die Autos
dicht an dicht,
Ampel oder Zebrastreifen
gibt es nicht.
Keine große Lücke,
wo ich besser sehen kann,
doch ich muß hier rüber, also dann:

Zwischen den Autos
am Rand der Straße
geh' ich ganz langsam
vor mit der Nase.
Zwischen den Autos
bleibe ich stehn.
Ich muß ja erst
nach links und rechts sehn,
und noch mal nach links.

Nein, nein, nein,
ich lauf' doch nicht los!
Nein, nein, nein,
wer macht denn so was bloß?
Nein, nein, nein,
ich bin doch nicht blöd!
Nein, nein, nein,
nachher ist es zu spät.

Zwischen den Autos,
die hier so parken,
ist es am besten,
erst mal zu warten,
und ist die Fahrbahn
links und rechts frei,
dann geh' ich los
und guck' noch dabei.

Nein, nein, nein,
ich lauf' doch nicht los ...

Versucht doch mal, zu dem Lied "Zwischen den Autos" mit mehreren Kindern zu schunkeln. An der Textstelle "Bleibe ich stehn" darf genau auf das Wort "stehn" nicht weitergeschunkelt werden, auch wenn ihr ganz schief sitzt. Fallt mir bitte nicht vom Stuhl!
Erst beim Refrain
"Nein, nein, nein,
ich lauf' doch nicht los ..."
setzt ihr euch wieder aufrecht und klatscht genau zu "nein, nein, nein" nach Herzenslust dreimal über dem Kopf in die Hände.

An meinem Fahrrad ist alles dran

Musik und Text: Rolf Zuckowski

An meinem Fahrrad ist alles dran,
damit so leicht nichts passieren kann.
Wenn ich mich auf meinen Sattel
schwing',
ist so ein Fahrrad ein starkes Ding.

Ich hab' 'ne Klingel am Lenker vorn,
und nebenan ist meine Handbremse,
und die bremst enorm.

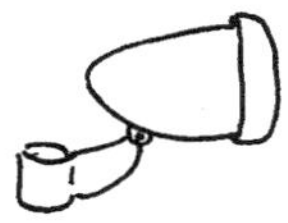

Ich hab' 'ne Lampe, die scheint voran,
und mit dem roten Rücklicht hinten
sieht mich sicher jedermann.

An meinem Fahrrad ist alles dran ...

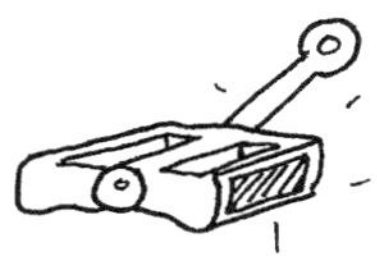

Mein Katzenauge, das strahlt zurück,
auch an den Füßen die Pedale
leuchten auf beim ersten Blick.

In meinen Speichen ist etwas drin:
Vier Reflektoren blinken gelb,
damit ich gut zu sehen bin.

An meinem Fahrrad ist alles dran ...

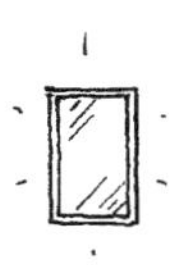

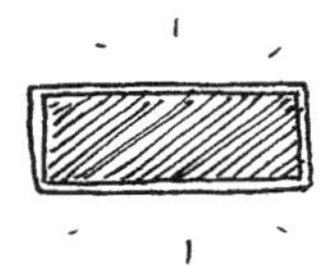

Zwei große Strahler, die leuchten hell,
nach vorne weiß, nach hinten rot,
ja, die sieht wirklich jeder schnell.

Und weil die Technik
mir sonst nichts nützt,
fahr' ich so sicher, wie ich kann,
und bin mit einem Helm geschützt.

An meinem Fahrrad ist alles dran ...

Der Polizist, der dieses Lied hört,
denkt bestimmt: "Da fehlt noch was."
Doch wenn ich mit dem Rücktritt
bremse,
bleib' ich stehn und er wird blaß.

An meinem Fahrrad ist alles dran ...

Außerdem wichtig:

Sicherheitsgriffe
am Lenker

geschlossener
Kettenschutzkasten

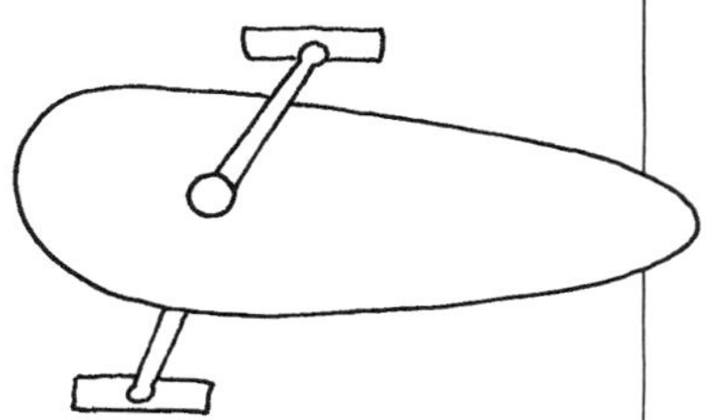

Abstandhalter

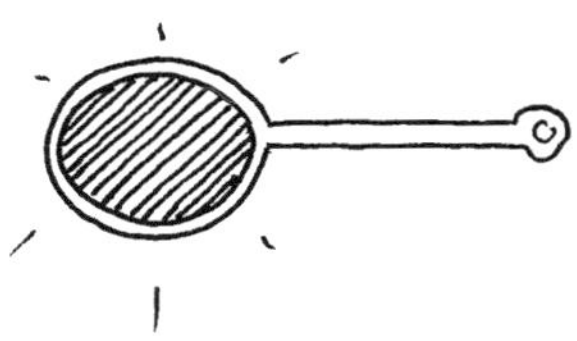

einwandfreie
Reifen:
gutes Profil
und richtiger
Luftdruck

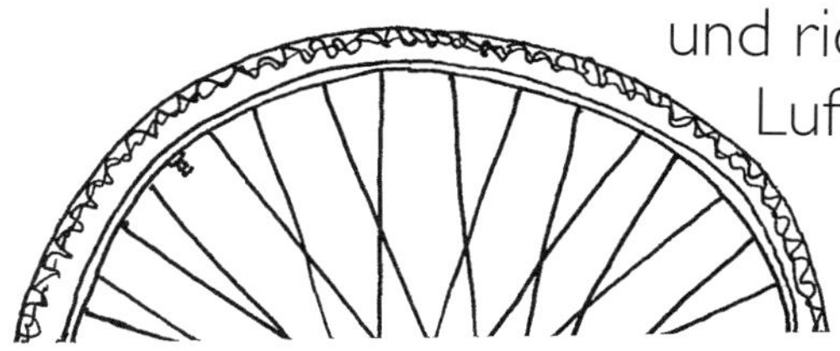

Das Lösungswort findest du, wenn du die Buchstaben der Fahrrad-Teile in der Reihenfolge in die Kästchen einträgst, in der sie im Lied genannt sind.

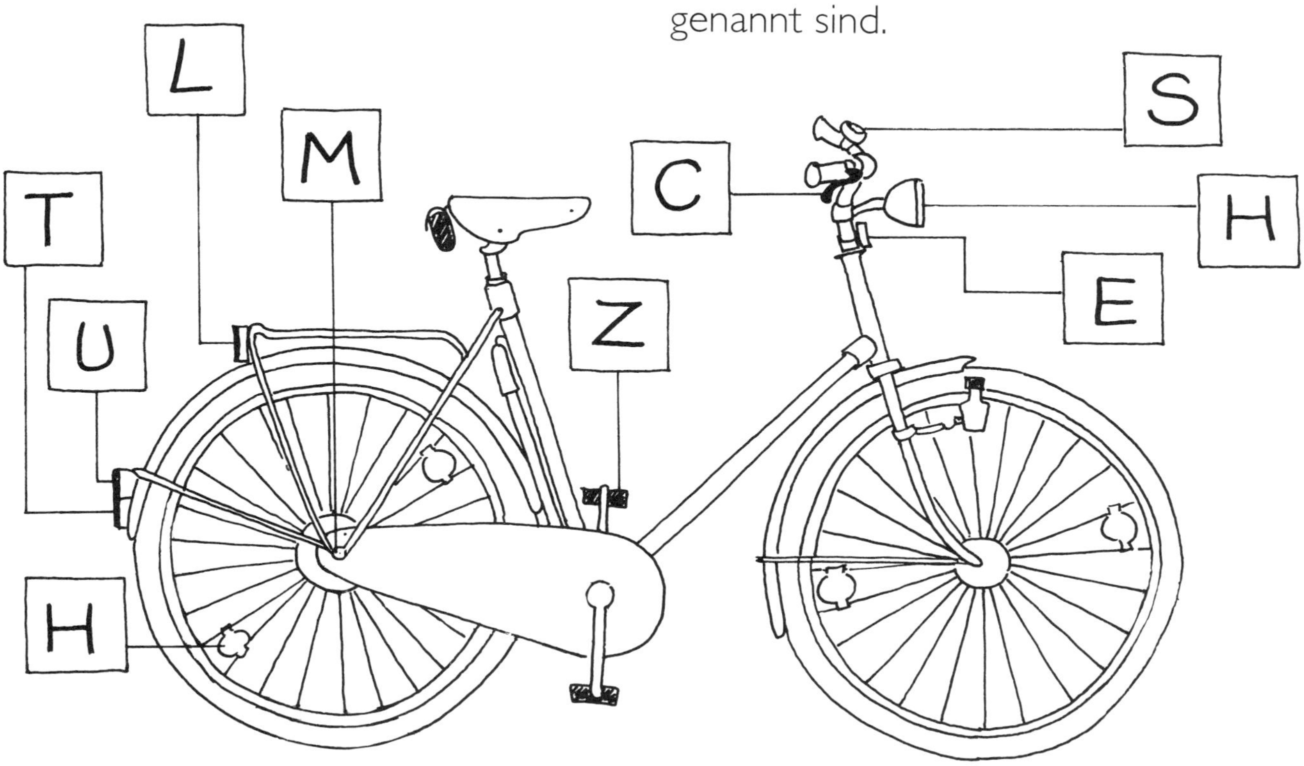

Wie muß ein Radfahrerschutzhelm getragen werden?

So nicht

So nicht

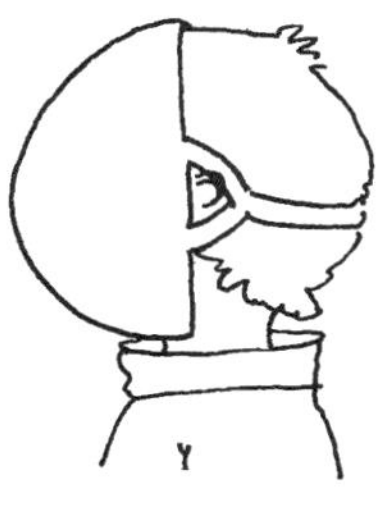
So schon gar nicht!

Nur so schützt der Helm

Wie soll dein Schutzhelm aussehen?

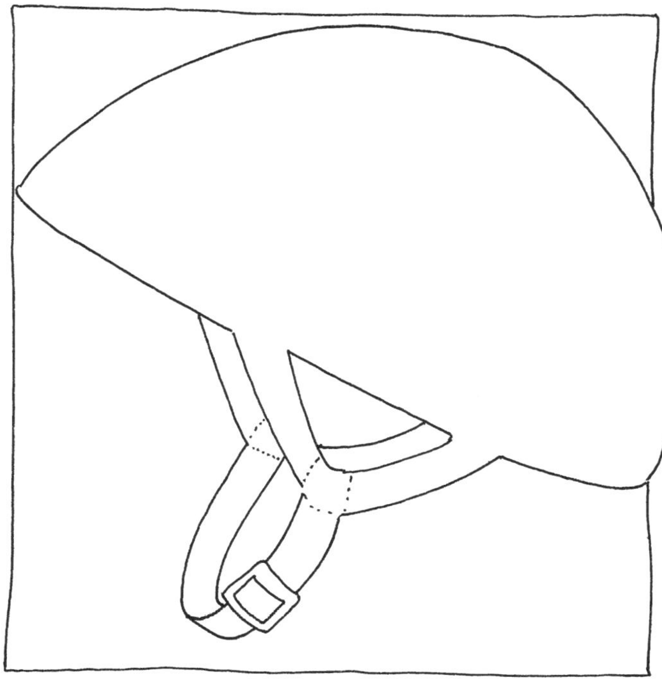

Das neue Fahrrad

Ampel   Scheinwerfer   Fahrrad

Querstraße   Grün   Radweg

Gehweg   Dämmerung   schiebt

Miriam hat zum siebten Geburtstag ein lila-rot-gelbes Fahrrad bekommen. Den Weg zu ihrer Freundin Angela hat sie mit ihren Eltern oft geübt. Jetzt darf sie ihn zum ersten Mal allein fahren. Wie Miriam das macht, wißt ihr, wenn ihr die richtigen Wörter in die Lücken schreibt.

Miriam besitzt jetzt ein richtiges ______________ mit Dynamo und ______________________. Wenn sie zu Angela fährt, radelt sie vom Hof auf den ____________. Einen ____________ gibt es auf ihrer Straße nicht. Wenn sie über die kleine ____________________ will, steigt sie ab und ______________ ihr Rad. Auf dem letzten Stück des Weges muß Miriam auf die andere Straßenseite. Sie fährt bis zur __________, steigt ab und schiebt ihr Rad bei ________ über die Fahrbahn. Rechtzeitig vor der __________________ fährt Miriam nach Hause zurück.

- Der Lenker sollte deutlich höher sein als der Sattel, damit ihr beim Fahren aufrecht sitzen könnt.
- Wenn ihr im Sattel sitzt, müssen eure Füße den Boden berühren.
- Wenn ihr im Sattel sitzt und euch nach vorne beugt, sollte der Kopf über den Lenker reichen.

Familien-Fahrrad-TÜV

Alle Räder werden unter die Lupe genommen. Ihr überprüft die Räder von Vater und Mutter und umgekehrt. Zuerst macht ihr einen Test, ob die Räder noch "passen". (siehe links)

Rad von:	______		______		______		______	
	Ja	Nein	Ja	Nein	Ja	Nein	Ja	Nein
1. Vorderradbremse funktioniert	☐	☐	☐	☐	☐	☐	☐	☐
2. Hinterradbremse/Rücktritt funktioniert	☐	☐	☐	☐	☐	☐	☐	☐
3. Reifendruck ausreichend	☐	☐	☐	☐	☐	☐	☐	☐
4. Bereifung gut	☐	☐	☐	☐	☐	☐	☐	☐
5. Kette gespannt	☐	☐	☐	☐	☐	☐	☐	☐
6. Sicherheitsgriffe am Lenker	☐	☐	☐	☐	☐	☐	☐	☐
7. Vier Speichenrückstrahler vorhanden	☐	☐	☐	☐	☐	☐	☐	☐
8. Pedalrückstrahler nach vorne und hinten	☐	☐	☐	☐	☐	☐	☐	☐
9. Großer Rückstrahler (rot) hinten vorhanden	☐	☐	☐	☐	☐	☐	☐	☐
10. Rückstrahler (weiß) vorne vorhanden	☐	☐	☐	☐	☐	☐	☐	☐
11. Scheinwerfer leuchtet	☐	☐	☐	☐	☐	☐	☐	☐
12. Schlußleuchte leuchtet	☐	☐	☐	☐	☐	☐	☐	☐
13. Glocke funktioniert	☐	☐	☐	☐	☐	☐	☐	☐
14. Vorderrad läuft rund	☐	☐	☐	☐	☐	☐	☐	☐
15. Hinterrad läuft rund	☐	☐	☐	☐	☐	☐	☐	☐
16. Lenker fest	☐	☐	☐	☐	☐	☐	☐	☐
17. Sattel fest	☐	☐	☐	☐	☐	☐	☐	☐
18. Schrauben und Kanten abgedeckt	☐	☐	☐	☐	☐	☐	☐	☐
19. Kettenschutzkasten (mögl. geschlossen) in Ordnung	☐	☐	☐	☐	☐	☐	☐	☐

Wo kein Gehweg ist

Musik und Text: Rolf Zuckowski

Wo kein Gehweg ist,
da geh' ich links,
da kommen die Autos mir entgegen.
Ich bleibe ganz am Fahrbahnrand
und seh' von vorn,
wenn Gefahr mir droht,
und pass' gut auf auf allen Wegen.

Überall, wo es einen Gehweg gibt,
ist das Gehn und Laufen kein Problem.
Mit ein bißchen Vorsicht und Bedacht
kann mir da nicht allzuviel geschehn.

Auf der Fahrbahn sieht es anders aus,
wenn der Autostrom vorüberbraust.
Darum hab' ich oft genug geübt,
was ich tu',
wenn's keinen Gehweg gibt.

Wo kein Gehweg ist,
da geh' ich links ...

Auf der Straße draußen vor der Stadt,
die nur eine breite Fahrbahn hat,
ist der Autofahrer glücklich dran,
weil er da schneller fahren kann.

Und wer da auf der rechten Seite geht,
der sieht das, was von hinten kommt,
zu spät.
Darum hab' ich oft genug geübt,
was ich tu',
wenn's keinen Gehweg gibt.

Wo kein Gehweg ist,
da geh' ich links ...

Jörg und Julia wollen an einem Teich im Wald Frösche beobachten. Sie gehen aus dem Haus, die Straße hinunter bis zur Kreuzung. Dort laufen sie links, dann die zweite Straße rechts. Diese gehen sie bis zum Ende, dort links und sofort wieder rechts. Auf der Landstraße gibt es keinen Gehweg. Deshalb gehen sie links am Fahrbahnrand. Geschafft! Zeichne den Weg von Jörg und Julia auf der Karte ein.

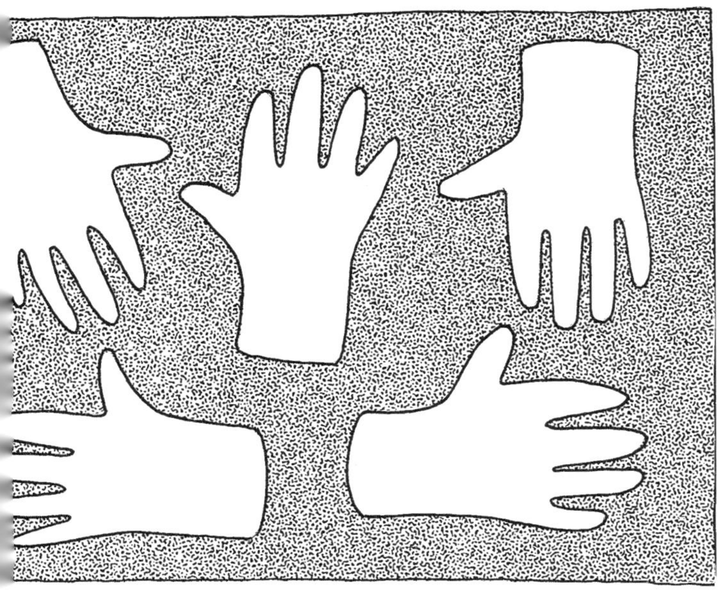

Suche für die linke Hand die linken Handschuhe und male sie grün an. Die rechten Handschuhe werden rot.

Heute bleibt das Auto stehn

Musik und Text: Rolf Zuckowski

Mami, laß das Auto stehn,
damit fahr'n wir später.
Ich hab' Lust, zu Fuß zu gehn
die paar hundert Meter.
Papi, laß das Auto stehn,
laß uns jetzt nicht fahren.
Ich hab' Lust, zu Fuß zu gehn
und Benzin zu sparen.

Immer wieder Parkplatz suchen,
an der roten Ampel fluchen,
nur noch schleichen durch die Stadt,
das hab' ich schon lange satt.

Wenn wir erst im Auto sitzen,
in der nächsten Schlange schwitzen,
bis ich schlapp und müde bin,
ist die gute Laune hin.

Mami, laß das Auto stehn ...

Laß uns in Geschäfte gucken,
von der Brücke runterspucken,
gib mir deine Tasche her,
denn sie ist mir nicht zu schwer.

Komm, wir wolln mal wieder lachen,
albern sein und Witze machen.
Du kriegst auch ein Eis zum Schluß
oder einen dicken Kuß.

Na?

Mami, laß das Auto stehn ...

Sind uns am Schluß die Beine lahm,
fahr'n wir zurück mit Bus und Bahn.

Stau, Lärm, Gestank, Gefahren überall... So kann es nicht weitergehen. Aber wer fängt an?! Wer hat Lust, das Auto öfter mal stehenzulassen? Macht doch mal eine Liste mit Fahrten, die in eurer Familie immer wieder vorkommen. Überlegt euch, für welche Wege das Auto gar nicht so sinnvoll ist. Könnt ihr vielleicht manchmal besser mit dem Fahrrad, dem Bus oder der Bahn fahren?

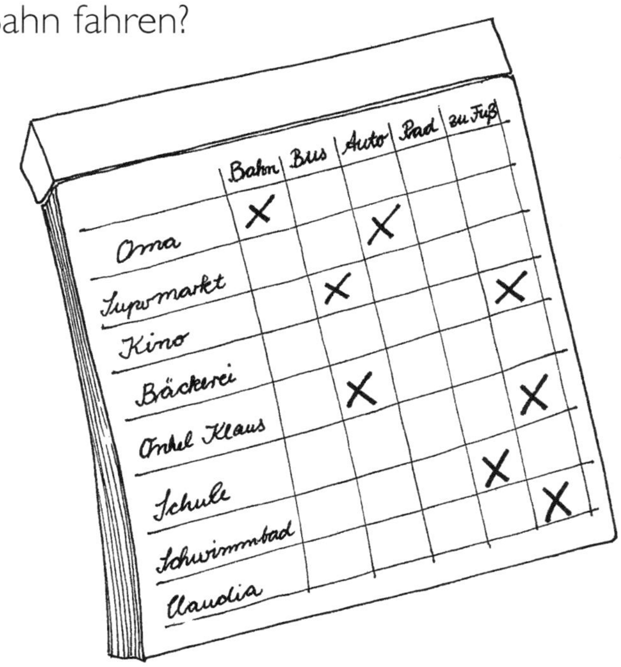

Was ruft Simon? Löse die Bilderrätsel und trage die Buchstaben in die Kästchen ein.

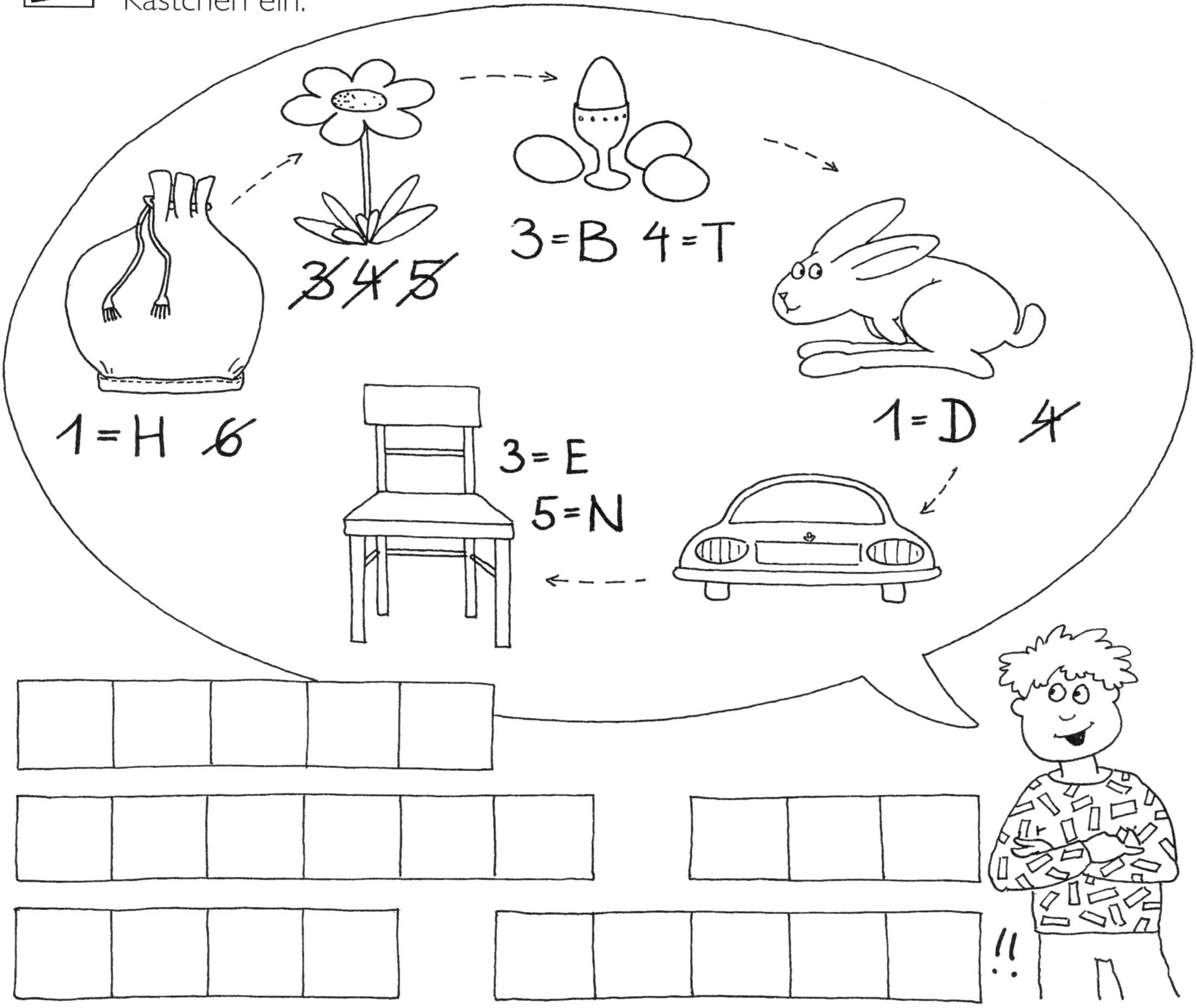

Den dreien sind die Beine "lahm" geworden. Was tun sie? Verbinde die Zahlen von 1 bis 30.

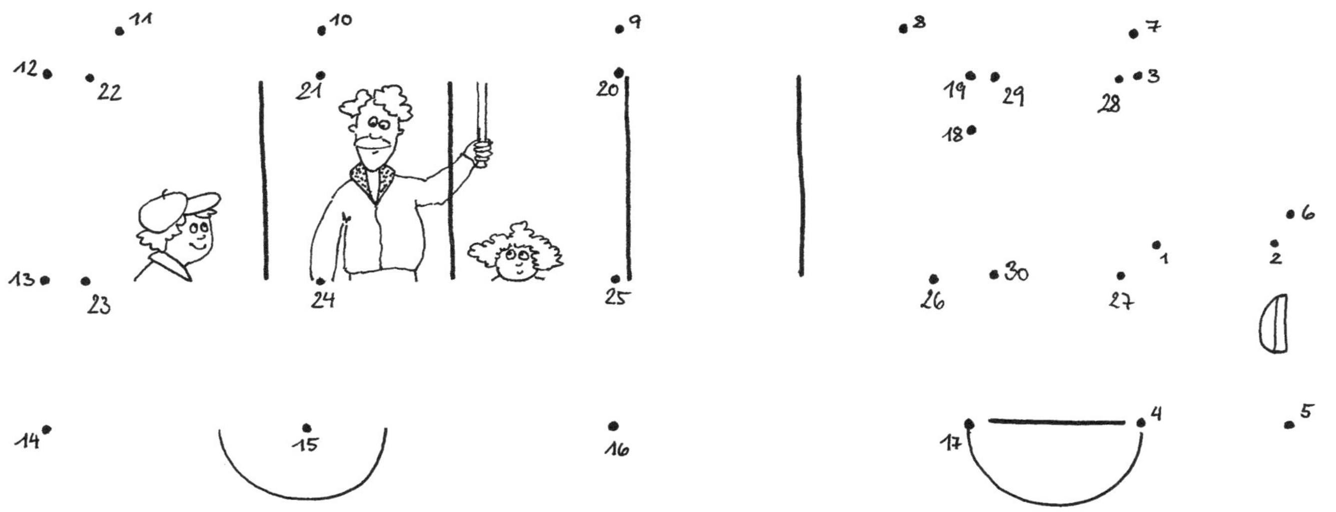

Linker Schuh - rechter Schuh

Musik und Text: Rolf Zuckowski

☺ Hallo, linker Schuh!
Hallo, rechter Schuh!
Liegst du auch noch wach,
kriegst du keine Ruh?
Hallo, rechter Schuh!
Hallo, linker Schuh!
Was war das nur wieder für ein Tag?
Hallo, linker Schuh!
Hallo, rechter Schuh!
Katharina hat längst die Augen zu.
Hallo, rechter Schuh!
Hallo, linker Schuh!
Was sie jetzt wohl grade
träumen mag?

Vielleicht geht sie grade ihren Weg
nach Haus,
und sie freut sich: Endlich ist die
Schule aus!
Bleibt sie da, wo's leider keinen
Gehweg gibt,
wirklich links? Sie hat es doch geübt.

Vielleicht läuft sie wieder mal
so schnell es geht,
weil der Eismann drüben
an der Straße steht.
Ob sie jetzt wohl vor dem Bordstein
bremsen kann?
Heute morgen hielt sie grad' noch an.

☺ Hallo, linker Schuh!
Hallo, rechter Schuh ...

Vielleicht steigt sie grade aus dem
Autobus,
wo sie immer auf die andre Seite muß.
Sie wird vor dem Bus doch wohl nicht
rübergehn
und bleibt, bis er weg ist, lieber stehn.

Vielleicht fährt sie auch im Traum auf
ihrem Rad
von der Freundin heimwärts durch die
dunkle Stadt.
Schaltet sie wohl diesmal den Dynamo
ein?
Sie muß abends doch zu sehen sein.

Hallo, linker Schuh!
Hallo, rechter Schuh!
Katharina lernt immer mehr dazu.
Hallo, rechter Schuh!
Hallo, linker Schuh!
Was sie morgen wohl erleben mag?

Bald beginnt ein neuer Tag.

Ach du Schreck. Katharina will über die Fahrbahn laufen. Ohne anzuhalten. Ohne zu schauen, ob ein Auto kommt. Was hat sie bloß auf der anderen Seite entdeckt?

Malt mit Kreide Gesichter auf die Sohlen von zwei Schuhen. Der eine steckt die linke, der andere die rechte Hand in den Schuh. Dann singt ihr das Lied mit verteilten Rollen. Ob Schuhe wirklich singen können? Alle Gegenstände können uns Geschichten erzählen. Wir müssen uns nur in sie hineinversetzen und ihnen unsere Stimme leihen.

Deine Welt - meine Welt

Musik und Text: Rolf Zuckowski

☺ Deine Welt
heißt: Der Verkehr muß weitergehn.
Meine Welt
heißt: Ich werd' einfach übersehn.
Deine Welt
heißt: Du willst sicher an dein Ziel.
Meine Welt
heißt, daß ich kaum noch draußen spiel'.

Viel mehr Platz für Kinder!
Nicht so viel Gefahr!
Eine Stadt für dich und mich,
wär' das nicht wunderbar?

Endlich wieder Frieden
zwischen Groß und Klein.
Jeder hat dasselbe Recht,
es muß doch möglich sein!

☺ Deine Welt ...

Deine Welt!
Meine Welt!

Was wünschst du dir, damit du draußen besser spazieren, radfahren und spielen kannst? Einen Abenteuerspielplatz um die Ecke, wo man auch Feuer machen kann? Oder einen ganz breiten Gehweg zum Rollschuhlaufen? Oder einen richtigen Kletterbaum? Wie soll deine Welt aussehen?

Liebe Mutter, lieber Vater,

zum Abschluß unseres Heftes möchten wir Ihnen noch einige "Grundregeln" ans Herz legen, die für Ihr Kind lebenswichtig sein können:

- Wenn Sie wirklich wissen wollen, wie sicher Ihr Kind ist, sollten Sie es von Zeit zu Zeit beobachten. Auch dann, wenn es abgelenkt ist. Vor allem dann, wenn es mit Freunden unterwegs ist.

- Ihr Kind wird wahrscheinlich die Verhaltensweisen im Straßenverkehr übernehmen, die Sie ihm jahrelang vorgemacht haben. Leider auch solche, die es in Gefahr bringt. Deshalb denken Sie immer daran: Sie sind Vorbild.

- Ihr Kind lernt am besten, wenn es mit Ihnen gemeinsam im Straßenverkehr übt (z. B. zwischen parkenden Autos, an Ampeln, Zebrastreifen oder bei Radausflügen). Über Jahre hinweg. Aber bitte nicht "knochentrocken", sondern mit viel Spaß für Sie und Ihr Kind.

- Achten Sie genau drauf, wo Ihr Kind draußen spielt und mit dem Rad fährt. Wenn es be m Spielen dem Straßenverkehr zu nahe kommt, müssen deutliche Grenzen gemeinsam geplant und festgelegt werden.

- Sollten Sie unsicher sein, ob Ihr Kind schwierige Strecken mit dem Rad zurücklegen kann, entscheiden Sie immer zugunsten der Sicherheit. Radfahrende Kinder sind schnell überfordert.

- Kinder müssen im Auto immer und auf allen Wegen, auch auf ganz kurzen Strecken, gesichert werden.

- Und schließlich: Nicht jede Strecke muß mit dem Auto zurückgelegt werden. Je weniger Autos auf unseren Straßen fahren, desto weniger sind unsere Kinder dort gefährdet.

Wir wünschen Ihnen und Ihren Kindern glückliche Stunden auf sicheren Wegen.

Illustration: Ingrid Neelen, Düsseldorf
Gestaltung: Ingrid Neelen; Victoria Schwartz, Hamburg
Druck: DBC Druckhaus Berlin-Centrum
(gedruckt auf chlorfreiem Papier)
Gesamtherstellung: Musikverlag Hans Sikorski

ISBN 3-920880-42-0